يوغا مع سانتا
Marcy Schaaf
Arabic

Yoga with Santa

Marcy Schaaf

يستعد سانتا لليلة الأكثر انشغالاً في العام، ولكن هذه المرة، يحاول شيئًا جديدًا! قبل توزيع الهدايا على الأطفال في جميع أنحاء العالم، يقوم سانتا والسيدة كلوز بفرد حصائر اليوجا وممارسة بعض التمددات والوضعيات الممتعة.

من لفات الرنة إلى ثنيات عصا الحلوى، يتعلم سانتا كيف تجعله اليوجا يشعر بالقوة والمرونة والطاقة! انضم إلى سانتا في رحلته في اليوجا بينما يجد طريقة ممتعة للاستعداد لمغامرته السحرية في ليلة عيد الميلاد.

هو هو هو – هيا نتدفق!

استعد للتمدد والضحك والشعور بروح العطلة مع اليوجا مع سانتا!

إنه الوقت الأكثر سحرًا في العام، وسانتا مشغول بالتحضير لرحلته الكبرى في ليلة عيد الميلاد! لكن توصيل الهدايا في جميع أنحاء العالم يتطلب الكثير من العمل، وهذا العام، يريد سانتا التأكد من استعداده بطريقة جديدة تمامًا.

انضم إلى سانتا وهو يكتشف متعة اليوجا والتمدد والحركة للاستعداد لأشد لياليه انشغالاً. وبمساعدة السيدة كلوز والأقزام، يتعلم سانتا أن القليل من المرونة والتوازن والمرح يمكن أن يكون له تأثير كبير - خاصة عندما يتعلق الأمر بنشر البهجة في العطلات!

دعونا نفرد حصائرنا ونمارس بعض اليوجا مع سانتا!

Santa was getting ready for his biggest night of the year.

كان سانتا يستعد لأضخم ليلة في العام.

But this year, Santa felt a bit stiff from sitting all day.

لكن هذا العام، شعر سانتا بالتصلب قليلاً بسبب الجلوس طوال اليوم.

Mrs. Claus said "Yoga will make you feel flexible and strong again!"

قالت السيدة كلوز "اليوجا سوف تجعلك تشعر بالمرونة والقوة مرة أخرى!"

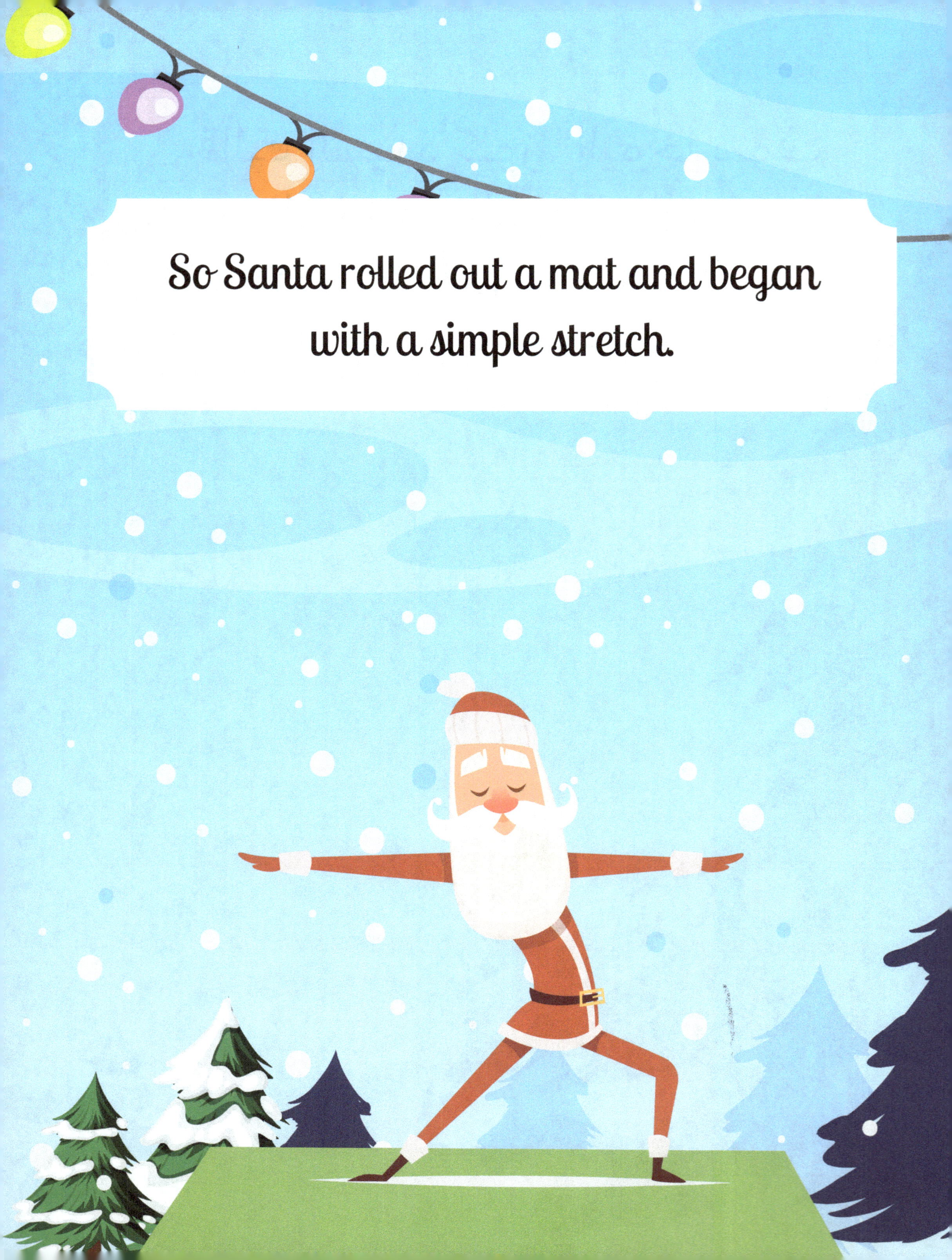
So Santa rolled out a mat and began
with a simple stretch.

لذا قام سانتا بفرد حصيرة وبدأ بتمدد بسيط.

First, Santa reached his arms high,
stretching toward the North Star.

أولاً، رفع سانتا ذراعيه عالياً، ممتدين نحو نجم الشمال.

Next, Santa bent down, touching his toes
like a candy cane.

بعد ذلك، انحنى سانتا إلى الأسفل،
ولمس أصابع قدميه مثل عصا الحلوى.

He then twisted his waist like a pretzel.
"Feeling looser already!"

ثم لف خصره مثل قطعة بريتزل. "أشعر أنني أكثر راحة بالفعل!"

Santa balanced on one leg, pretending to be
a tall Christmas tree.

سانتا متوازن على ساق واحدة،
ويتظاهر بأنه شجرة عيد الميلاد طويلة.

"Whoa!" he said, wobbling a little, "This is harder than I thought!"

"واو!" قال وهو يتأرجح قليلاً، "هذا أصعب مما كنت أعتقد!"

Santa did the reindeer pose, crouching low and stretching his back.

قام سانتا بتأدية وضعية الرنة، حيث انحنى منخفضًا ومد ظهره.

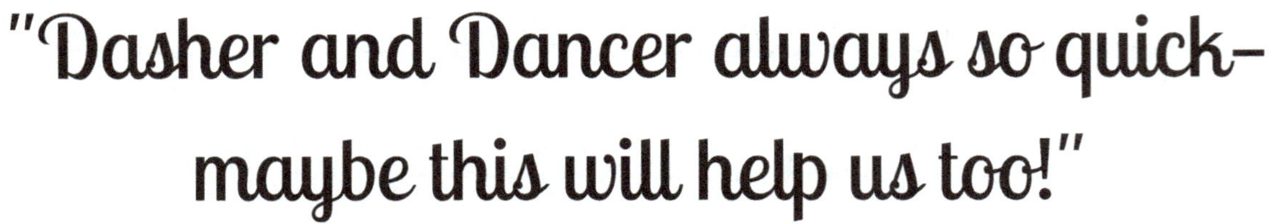
"Dasher and Dancer always so quick—
maybe this will help us too!"

"Dasher وDancer دائمًا سريعان جدًا - ربما يساعدنا هذا أيضًا!"

Prancer lifted his arms, pretending to fly like his sleigh in the night sky.

رفع برانسر ذراعيه، متظاهرًا بأنه يطير مثل زلاجته في سماء الليل.

Next was the snowman pose, where Frosty stood tall and round.

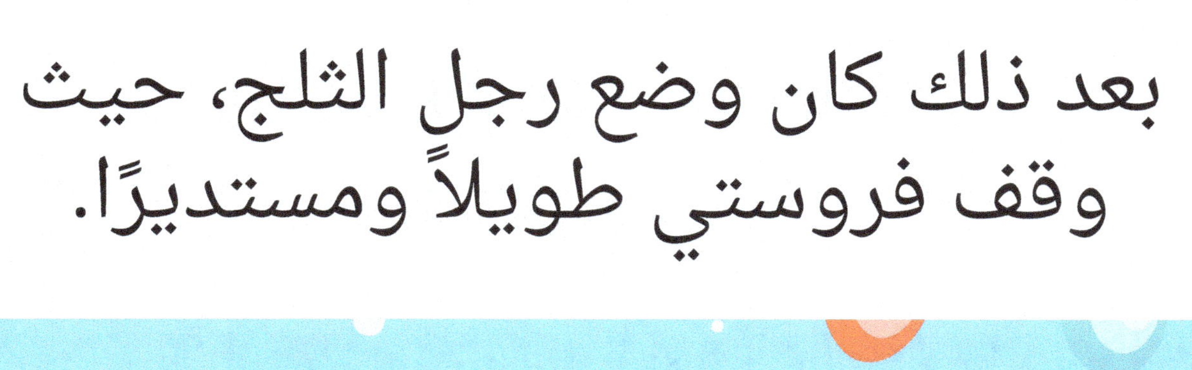

بعد ذلك كان وضع رجل الثلج، حيث وقف فروستي طويلاً ومستديرًا.

"Ho ho ho!" Santa laughed.
"Look at Frosty!"

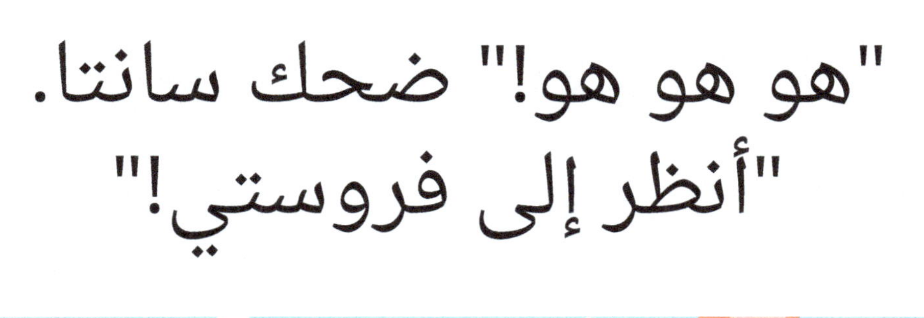

"هو هو هو!" ضحك سانتا.
"أنظر إلى فروستي!"

"I feel great!" Santa said.
"I'm ready to take on Christmas Eve!"

"أشعر بشعور رائع!" قال سانتا.
"أنا مستعد لاستقبال ليلة عيد الميلاد!"

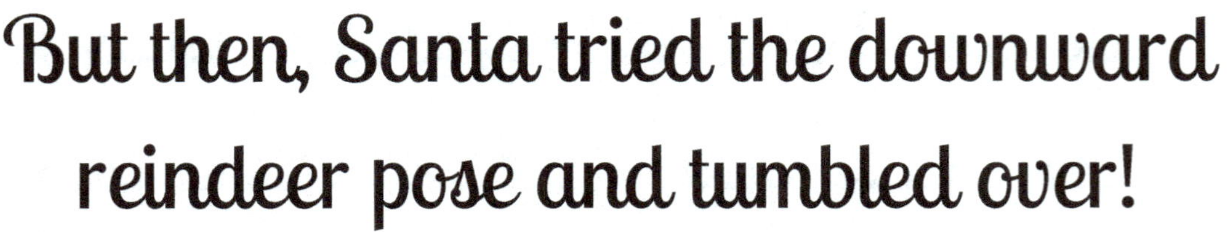

But then, Santa tried the downward reindeer pose and tumbled over!

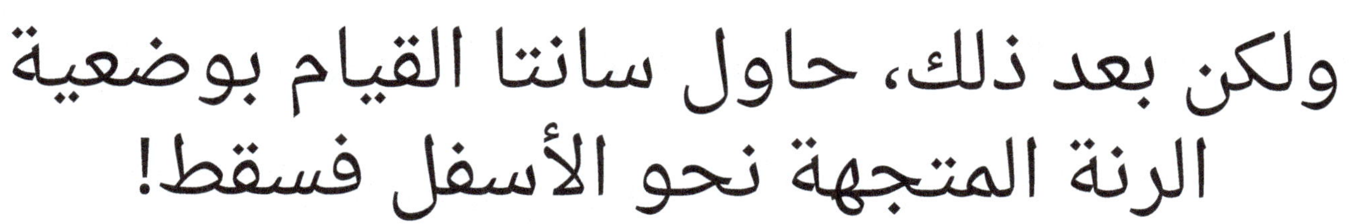

ولكن بعد ذلك، حاول سانتا القيام بوضعية
الرنة المتجهة نحو الأسفل فسقط!

"Oops!" Santa chuckled, "Guess I need more practice with that one!"

"أوبس!" ضحك سانتا، "أعتقد أنني بحاجة إلى المزيد من التدريب مع هذا!!"

After finishing, Santa sat in the snowflake
pose, breathing in deeply.

بعد الانتهاء، جلس سانتا في وضعية ندفة الثلج، وهو يتنفس بعمق.

"Yoga makes me feel calm and strong, just what I need tonight."

"اليوجا تجعلني أشعر بالهدوء والقوة،
وهذا ما أحتاجه الليلة."

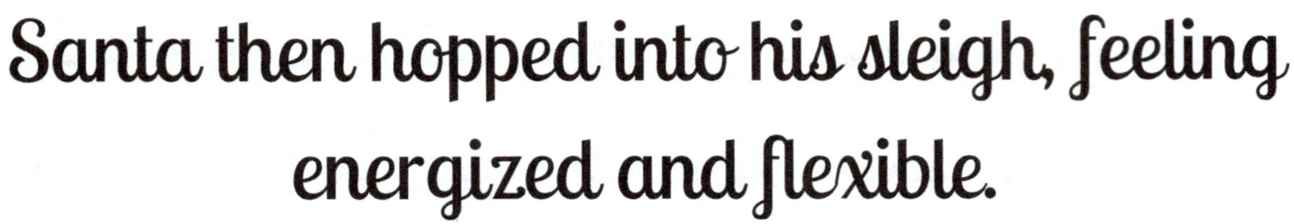
Santa then hopped into his sleigh, feeling energized and flexible.

ثم قفز سانتا إلى زلاجته، وهو يشعر بالنشاط والمرونة.

The reindeer galloped through the sky,
pulling Santa and his gifts.

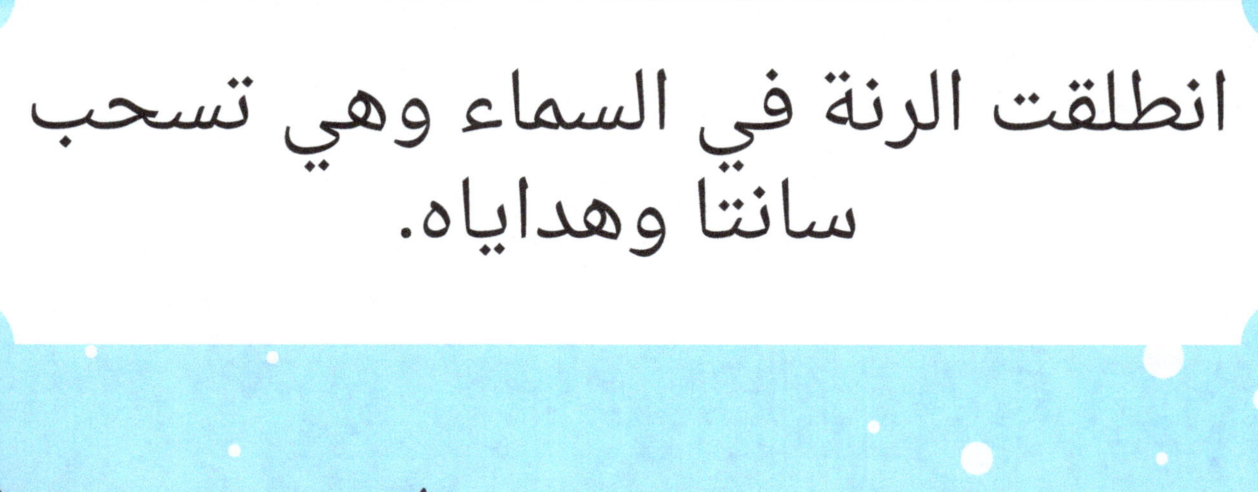
انطلقت الرنة في السماء وهي تسحب سانتا وهداياه.

He crouched down easily to fill stockings
and place gifts under trees.

انحنى بسهولة لملء الجوارب ووضع الهدايا تحت الأشجار.

Even climbing chimneys seemed easier after his yoga practice!

حتى تسلق المداخن أصبح يبدو أسهل
بعد ممارسة اليوجا!

"Ho ho ho!" Santa laughed. "Yoga was the perfect idea!"

"هوهوهوه!" ضحك سانتا. "كانت اليوجا فكرة مثالية!"

By the time Santa finished, he still had plenty of energy to spare.

بحلول الوقت الذي انتهى فيه
سانتا، كان لا يزال لديه الكثير
من الطاقة الاحتياطية.

He returned to the North Pole and stretched one more time.

ثم عاد إلى القطب الشمالي وتمدد مرة أخرى.

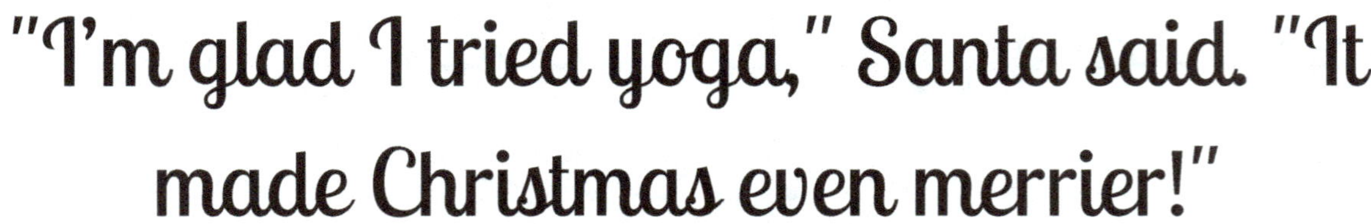

"I'm glad I tried yoga," Santa said. "It made Christmas even merrier!"

قال سانتا "أنا سعيد لأنني جربت اليوجا،
لقد جعلت عيد الميلاد أكثر بهجة!"

"Next year, I'll teach the reindeer and elves yoga too!" Santa declared.

"في العام القادم، سأقوم بتعليم الرنة والأقزام اليوغا أيضًا!" أعلن سانتا.

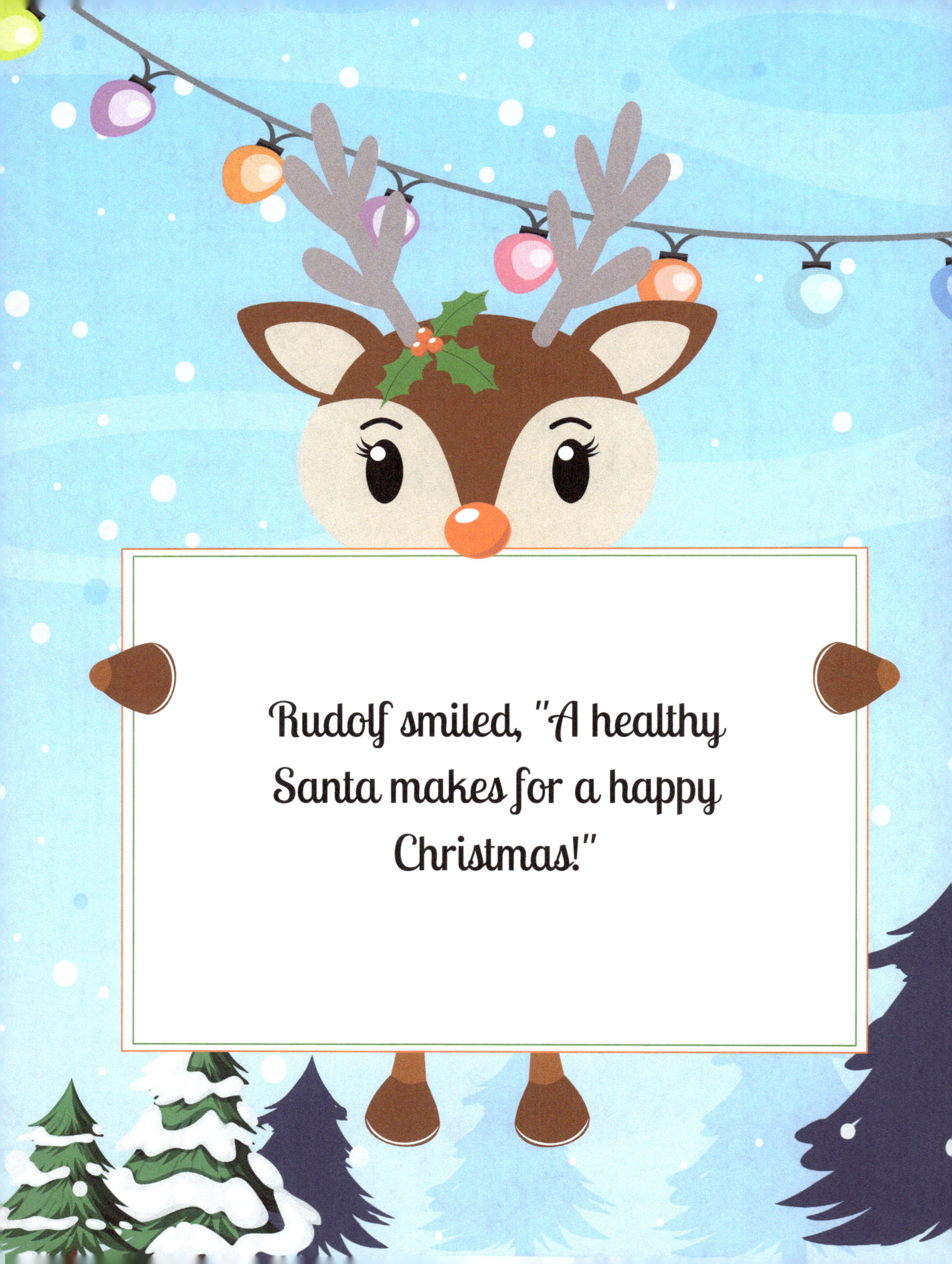

Rudolf smiled, "A healthy Santa makes for a happy Christmas!"

ابتسم رودولف، "سانتا صحي يجعل عيد الميلاد سعيدًا!"

And from then on, Santa practiced yoga every holiday season!

ومنذ ذلك الحين، أصبح سانتا يمارس اليوغا في كل موسم عطلة!

The
End

النهاية

Join Our Book of the Month Club!

Looking for the perfect gift that keeps on giving? Join our Book of the Month Club! For just $30 a month, or $300 if you purchase a year upfront, you or your loved ones will receive a handpicked children's book every month, straight to your doorstep.

Here's how it works:
Choose from 15 different languages to receive bilingual books that make learning fun.
Enjoy monthly shipments of our exclusive books that inspire, teach, and entertain children of all ages.
Each month's book is carefully selected to provide a new adventure, valuable lesson, and a chance to explore cultures from around the world.
It's the perfect gift for birthdays, holidays, or just because! Whether you're nurturing a young reader or encouraging language learning, our Book of the Month Club is designed to bring joy to every bookshelf.

Exclusive Bonus: As part of your membership, you'll also receive a monthly podcast about our featured book delivered straight to your email! Listen in for behind-the-scenes insights, fun facts, and tips for making storytime even more magical.

Sign up today at www.Booksbyschaaf.com and start enjoying the gift of reading all year long!

انضم إلى نادي كتاب الشهر!

هل تبحث عن الهدية المثالية التي لا تنتهي؟ انضم إلى نادي كتاب الشهر! مقابل 30 دولارًا فقط شهريًا، أو 300 دولار إذا قمت بشراء الكتاب مقدمًا لمدة عام، ستتلقى أنت أو أحباؤك كتابًا للأطفال مختارًا بعناية كل شهر، مباشرة إلى باب منزلك.

وهنا كيف يعمل الأمر:
اختر من بين 15 لغة مختلفة لتلقي كتب ثنائية اللغة تجعل التعلم ممتعًا.
استمتع بشحنات شهرية من كتبنا الحصرية التي تلهم وتعلم وتسلي الأطفال من جميع الأعمار.
يتم اختيار كل كتاب كل شهر بعناية لتوفير مغامرة جديدة ودروس قيمة وفرصة لاستكشاف الثقافات من جميع أنحاء العالم.
إنها الهدية المثالية لأعياد الميلاد أو العطلات أو لأي سبب آخر! سواء كنت ترعى قارئًا صغيرًا أو تشجعه على تعلم اللغة، فإن نادي كتاب الشهر الخاص بنا مصمم لإضفاء البهجة على كل رف كتب.

مكافأة حصرية: كجزء من عضويتك، ستتلقى أيضًا بودكاست شهريًا حول كتابنا المميز يتم إرساله مباشرة إلى بريدك الإلكتروني! استمع للحصول على رؤى خلف الكواليس وحقائق ممتعة ونصائح لجعل وقت القصة أكثر سحرًا.

سجل اليوم على www.Booksbyschaaf.com وابدأ بالاستمتاع بهدية القراءة طوال العام!

Books By Schaaf

www.BookBySchaaf.com

Find us at: